ORLANDO NILHA

ILUSTRAÇÕES

KAKO RODRIGUES E LEONARDO MALAVAZZI

KOPENAWA
Davi Kopenawa

1ª edição – Campinas, 2022

"Eu quis tomar um caminho livre, cuja claridade
se abre ao longe diante de mim. Esse caminho é o
de nossas palavras para defender a floresta."
(Davi Kopenawa)

Muito tempo antes da chegada dos portugueses e da criação do Brasil, um povo indígena já vivia no norte da Floresta Amazônica: os Yanomami. É provável que eles habitem a região há mais de 700 anos.

Nascidos no seio da natureza, não se consideram donos da floresta, mas parte dela. Os indígenas entendem a floresta como uma entidade viva, fonte de energia e de fertilidade. Atualmente, cerca de 20 mil yanomamis vivem em terras brasileiras, divididos em mais de 200 comunidades, as chamadas casas-aldeias.

Foi na casa-aldeia de Marakana, no alto do rio Toototobi, que nasceu, por volta de 1956, um menino destinado a ser uma das maiores lideranças indígenas do planeta. Ele ficaria conhecido como Davi Kopenawa Yanomami.

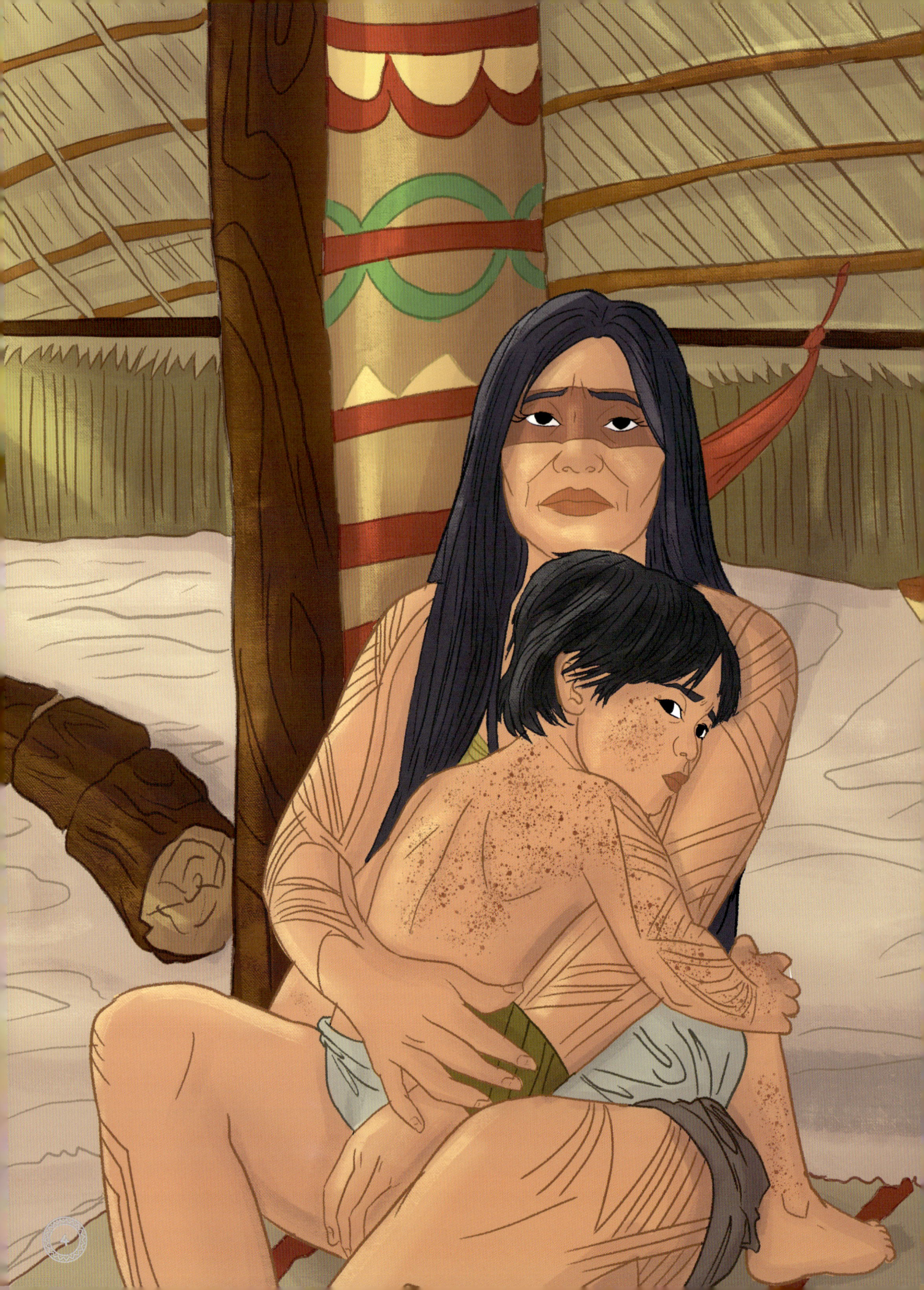

Desde muito cedo, Kopenawa viveu o impacto da presença ameaçadora dos *napë*, como os Yanomami chamam os não indígenas. Ainda criança, ele viu funcionários do governo chegarem à casa de Marakana. Os agentes tinham a missão de verificar a fronteira do Brasil com a Venezuela, mas eles carregavam um perigo invisível e mortal: as epidemias.

Os indígenas não estavam preparados para suportar as doenças da cidade, pois viviam isolados na floresta, e muitos morreram, principalmente mulheres, crianças e idosos. Assustados, Kopenawa e seus parentes abandonaram a casa de Marakana.

Eles passaram a viver numa casa menor chamada Toototobi. A aldeia Yanomami é formada por uma casa coletiva que abriga todas as pessoas. Cada família possui seu espaço e sua própria fogueira, que quase nunca se apaga: o fogo é usado para cozinhar durante o dia e para aquecer o ambiente durante a noite. Ao redor da fogueira, ficam penduradas as redes de dormir.

Na praça central da aldeia, Kopenawa brincava com as crianças da sua idade. Eles imitavam tudo o que os mais velhos faziam: as festas, as danças, os rituais. Foi se divertindo que começou a aprender a tradição de seus ancestrais.

Quando ficou mais crescido, passou a acompanhar os adultos nas caçadas. Ele saía com o padrasto para longas expedições na mata, bebia mel selvagem e aprendia a escutar as vozes da floresta.

Certa vez, chegaram à casa de Toototobi alguns religiosos que desejavam converter os indígenas. O contato foi devastador, pois uma grave epidemia de sarampo atingiu os Yanomami, espalhando morte e sofrimento. Kopenawa ficou doente, mas conseguiu se recuperar. A sua mãe, ainda jovem e forte, não teve a mesma sorte.

Kopenawa ficou muito abalado e a tristeza dominou os seus pensamentos. Ele se sentiu sozinho e resolveu partir. Por volta dos 15 anos, começou a trabalhar como ajudante em um posto da Fundação Nacional do Índio (Funai) no rio Demini.

Pouco depois, contraiu tuberculose e foi levado para a cidade de Manaus, onde passou um ano no hospital. Aproveitou esse período para aprender a falar português. Depois de curado, decidiu voltar para a floresta.

Kopenawa seguiu vivendo na casa em Toototobi, mas não por muito tempo, pois voltou a trabalhar para a Funai, dessa vez ajudando na comunicação entre os indígenas e os não indígenas. Assim, ele passou alguns anos percorrendo toda a terra yanomami e conhecendo profundamente a região.

Nesse tempo, percebeu que o desejo das pessoas da cidade por ouro, madeira de árvores e pele de animais ameaçava a floresta e a sobrevivência de seu povo.

Em suas andanças pelas aldeias, Kopenawa conheceu o seu futuro sogro, um indígena muito respeitado entre os Yanomami. Os dois se tornaram amigos, e, em 1978, Kopenawa se casou com Fátima, uma bela e tímida yanomami. Eles passaram a viver anos tranquilos na grande casa de Watoriki, que significa "Montanha do Vento", na margem direita do rio Demini. O casal teria cinco filhos: dois meninos e três meninas.

Para os Yanomami, os xamãs são sábios que conhecem os segredos da floresta. Para se tornar um sábio, é preciso ouvir as palavras dos mais velhos e pensar muito sobre elas. O sogro de Kopenawa era um mestre xamã e ensinou para o jovem o conhecimento antigo dos indígenas.

As palavras alargaram o seu pensamento, e Kopenawa também se tornou um sábio. Ele entendeu que os xamãs deveriam proteger a floresta e disse: "Agora sei que nossos ancestrais moraram nesta floresta desde o primeiro tempo e que a deixaram para nós para vivermos nela. Eles nunca a maltrataram. É nossa terra e essas são palavras verdadeiras".

A necessidade de proteger a floresta logo se mostrou real. Por volta de 1986, surgiu a notícia de que havia muita riqueza mineral na região dos Yanomami. Isso causou uma gigantesca corrida atrás de ouro, e cerca de 40 mil garimpeiros invadiram a região.

Uma epidemia de malária se espalhou rapidamente, e a poluição envenenou os rios. Ocorreram muitos conflitos entre garimpeiros e indígenas, e mais de mil Yanomami morreram vítimas da violência e das doenças.

Kopenawa decidiu lutar. Era preciso levar o seu grito de alerta para além da floresta. Ele passou a viajar para grandes cidades do Brasil a fim de denunciar a tragédia que acontecia em sua terra.

O seu nome ficou conhecido, e sua inteligência e sua firmeza o tornaram um porta-voz da defesa dos Yanomami. Ele foi convidado a apresentar suas ideias para o mundo e visitou países como Inglaterra, França e Estados Unidos, onde falou diante de pessoas poderosas e influentes. O seu principal desejo era proteger a mata, os rios, os animais e a vida de seu povo.

Devido ao esforço de Kopenawa, a questão dos Yanomami se tornou um escândalo internacional. Diversos países passaram a pressionar o Brasil para que o problema fosse resolvido. Assim, em 1992, durante a Conferência das Nações Unidas sobre o Meio Ambiente e Desenvolvimento (ECO-92), realizada na cidade do Rio de Janeiro, o governo brasileiro finalmente tornou oficial a Terra Indígena Yanomami.

Com a demarcação, que proíbe a entrada de garimpeiros, madeireiros e fazendeiros na Terra Indígena, diversas operações foram conduzidas pela Funai e pela Polícia Federal para expulsar os invasores, diminuindo muito a ameaça contra os habitantes da floresta.

Anos antes, ainda na aldeia de Watoriki, quando os garimpeiros começaram a invadir o território Yanomami, Kopenawa havia se tornado amigo do antropólogo francês Bruce Albert, estudioso da cultura indígena.

Os dois mantinham longas conversas noite adentro na grande casa, ao redor da fogueira, trocando ideias e conhecimentos. Kopenawa desejava divulgar suas palavras ao mundo, para que todos conhecessem o pensamento yanomami e entendessem a importância da floresta.

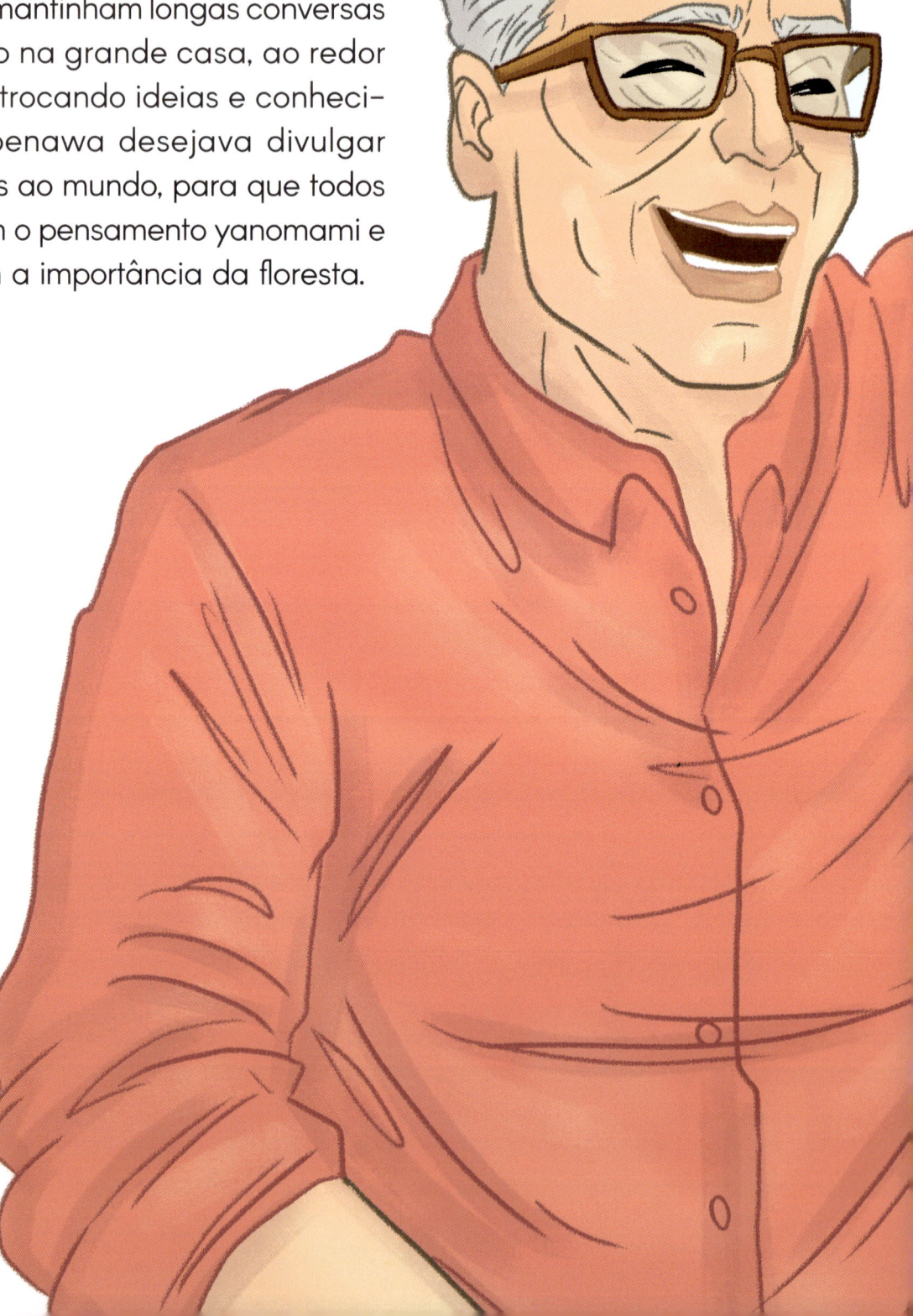

Kopenawa pediu que o amigo francês desenhasse suas palavras de xamã em "peles de papel". Foi assim que surgiu a colaboração para a criação do livro *A queda do céu: palavras de um xamã yanomami*. Durante mais de 10 anos, Bruce Albert viajou com frequência para a aldeia Watoriki, onde realizou gravações das palavras de Kopenawa.

O pesquisador francês organizou as palavras do sábio yanomami e escreveu o livro, publicado em 2015. A obra conta episódios da vida de Kopenawa e ensina sobre a cultura Yanomami, além de ser um apelo contra a ambição do "povo da mercadoria", que coloca o futuro de todos em risco.

A liderança de Kopenawa também chamou a atenção da fotógrafa suíça Claudia Andujar, que se impactou com as dificuldades encontradas pelos Yanomami para sobreviver em território brasileiro. Ela passou a denunciar por meio da arte de suas imagens a situação trágica vivida pelos indígenas.

Claudia lutou bravamente ao lado dos Yanomami, chegando, inclusive, a criar um projeto que contribuiu no processo de vacinação dos indígenas. Ela também defendeu a demarcação de suas terras, e sua obra fotográfica permanece como um testemunho sincero e doloroso do período.

Devido à sua luta incansável, Kopenawa recebeu diversos prêmios e homenagens. Em 1988, recebeu o prêmio Global 500 da Organização das Nações Unidas (ONU) por contribuir com a defesa do meio ambiente. Em 1999, foi condecorado pelo governo brasileiro com a Ordem de Rio Branco por seu "mérito excepcional". Em 2009, foi condecorado com a Ordem do Mérito do Ministério da Cultura brasileiro. Em 2019, recebeu o prêmio Right Livelihood, considerado um "Nobel alternativo".

Desde 2004, Kopenawa é presidente da associação Huturaka, que defende os direitos dos Yanomami no Brasil.

Depois do reconhecimento da Terra Indígena Yanomami em 1992, a maior parte dos garimpeiros se manteve afastada da região. No entanto, desde 2019, mais de 20 mil garimpeiros voltaram a invadir o território Yanomami derrubando a floresta, envenenando os rios e espalhando doenças, como a Covid-19.

Apesar das ameaças e dos riscos, Kopenawa segue corajosamente protegendo seu povo e a floresta. Ele vive com a esposa e os filhos na grande casa de Watoriki, desprezando a fama e os bens materiais. Suas palavras de xamã indicam o seu caminho: "Gostaria que os brancos parassem de pensar que nossa floresta é morta e que ela foi posta lá à toa. Quero fazê-los escutar a voz dos xapiri, os espíritos da floresta, que ali brincam sem parar, dançando sobre seus espelhos resplandecentes".

Acima de tudo, Davi Kopenawa Yanomami simboliza a esperança de sobrevivência como um grande defensor do futuro, não apenas o dos indígenas, mas o de toda a humanidade.

Querido leitor,

A editora MOSTARDA é a concretização de um sonho. Fazemos parte da segunda geração de uma família dedicada aos livros. A escolha do nome da editora tem origem no que a semente da mostarda representa: é a menor semente da cadeia dos grãos, mas se transforma na maior de todas as hortaliças. Nossa meta é fazer da editora uma grande e importante difusora do livro, transformando a leitura em um instrumento de mudança na vida das pessoas, desconstruindo barreiras e preconceitos. Entre os principais temas abordados nas obras estão: inclusão, diversidade, acessibilidade, educação e empatia. Acreditamos que o conhecimento é capaz de abrir as portas do pensamento rumo a uma sociedade mais justa. Assim, nossos valores estão ligados à ética, ao respeito e à honestidade com todos que estão envolvidos na produção dos livros e com os nossos leitores. Vamos juntos regar essa semente?

Pedro Mezette
CEO Founder
Editora Mostarda

EDITORA MOSTARDA
www.editoramostarda.com.br
Instagram: @editoramostarda

Orlando Nilha, 2022

Direção:	Pedro Mezette
Coordenação:	Andressa Maltese
Produção:	A&A Studio de Criação
Revisão:	Beatriz Novaes
	Elisandra Pereira
	Marcelo Montoza
	Mateus Bertole
	Nilce Bechara
Diagramação:	Ione Santana
Ilustração:	Bárbara Ziviani
	Anderson Santana
	Felipe Bueno
	Henrique Pereira
	Kako Rodrigues
	Leonardo Malavazzi

Dados Internacionais de Catalogação na Publicação (CIP)
(Câmara Brasileira do Livro, SP, Brasil)

```
Nilha, Orlando
    Kopenawa : Davi Kopenawa / Orlando Nilha. --
1. ed. -- Campinas, SP : Editora Mostarda, 2022.

    ISBN 978-65-88183-81-6

    1. Índios Yanomami - Brasil - Literatura
infantojuvenil 2. Kopenawa, Davi, 1956- - Biografia -
Literatura infantojuvenil 3. Xamãs - Brasil -
Biografia - Literatura infantojuvenil I. Título.

22-128896                              CDD-028.5
```

Índices para catálogo sistemático:

1. Davi Kopenawa : Biografia : Literatura
    infantojuvenil   028.5
2. Davi Kopenawa : Biografia : Literatura juvenil

Nota: Os profissionais que trabalharam neste livro pesquisaram e compararam diversas fontes numa tentativa de retratar os fatos como eles aconteceram na vida real. Ainda assim, trata-se de uma versão adaptada para o público infantojuvenil que se atém aos eventos e personagens principais.